essentials

essentials liefern aktuelles Wissen in konzentrierter Form. Die Essenz dessen, worauf es als „State-of-the-Art" in der gegenwärtigen Fachdiskussion oder in der Praxis ankommt. *essentials* informieren schnell, unkompliziert und verständlich

- als Einführung in ein aktuelles Thema aus Ihrem Fachgebiet
- als Einstieg in ein für Sie noch unbekanntes Themenfeld
- als Einblick, um zum Thema mitreden zu können

Die Bücher in elektronischer und gedruckter Form bringen das Expertenwissen von Springer-Fachautoren kompakt zur Darstellung. Sie sind besonders für die Nutzung als eBook auf Tablet-PCs, eBook-Readern und Smartphones geeignet. *essentials:* Wissensbausteine aus den Wirtschafts-, Sozial- und Geisteswissenschaften, aus Technik und Naturwissenschaften sowie aus Medizin, Psychologie und Gesundheitsberufen. Von renommierten Autoren aller Springer-Verlagsmarken.

Weitere Bände in dieser Reihe http://www.springer.com/series/13088

Sybille Kircher

Digitize Your Brand Name

Der Erfolgsfaktor Markenname in den digitalen Medien

Sybille Kircher
NOMEN International Deutschland GmbH
Düsseldorf, Deutschland

ISSN 2197-6708　　　　　　　ISSN 2197-6716　(electronic)
essentials
ISBN 978-3-658-16276-4　　　ISBN 978-3-658-16277-1　(eBook)
DOI 10.1007/978-3-658-16277-1

Die Deutsche Nationalbibliothek verzeichnet diese Publikation in der Deutschen Nationalbibliografie; detaillierte bibliografische Daten sind im Internet über http://dnb.d-nb.de abrufbar.

Gedruckt auf säurefreiem und chlorfrei gebleichtem Papier

Springer Gabler ist Teil von Springer Nature
Die eingetragene Gesellschaft ist Springer Fachmedien Wiesbaden GmbH
Die Anschrift der Gesellschaft ist: Abraham-Lincoln-Str. 46, 65189 Wiesbaden, Germany

Was Sie in diesem *essential* finden können

- Eine Einführung in die Welt der Markennamen
- Positionierungsstrategien als Grundlage erfolgreichen Namings
- Möglichkeiten der Markenemotionalisierung
- Maßnahmen zur Markenabsicherung

Vorwort

Starke Markennamen bieten großes Kino. Welcher Film dabei in unseren Köpfen abläuft, ist natürlich individuell sehr verschieden. Doch unabhängig davon, welche Marken Sie ganz persönlich begeistern – Namen sind mehr als Schall und Rauch. Ohne sie wäre unsere Welt langweilig, grau und weniger geschäftig. Marken faszinieren, sie sorgen für Wiedererkennung, Weiterempfehlung und steigende Unternehmenswerte. Marken gelten zu Recht als der wichtigste Garant für den Unternehmenserfolg. Ein sorgsam aufgebauter Markenname schafft das Fundament für Erfolgsmarken. Mit dem guten Namen beginnt die Reise aber erst – jede Marke muss mithilfe von Sprache, Bildern und Geschichten langfristig ausgerichtet, sorgsam aufgebaut und emotional aufgeladen werden. All das gilt universal – in der analogen und in der digitalen Markenwelt. Fest steht, dass Namensfindung durch die Digitalisierung noch anspruchsvoller geworden ist.

Dieses Buch richtet sich an Marketing-Entscheider, die vor der Frage stehen, wie sich die digitale Schlagkraft ihrer bestehenden Marken optimieren lässt. Es beschäftigt sich auch mit der Frage, was bei der Positionierung neuer Marken zu beachten ist, damit sie analog und digital trägt. Darüber hinaus werden auch Leser, die sich für aktuelle Naming-Fragestellungen interessieren, in diesem Buch viele nützliche Informationen finden.

Mein besonderer Dank gilt unserer Sprach- und Textspezialistin Brigitte Martinez-Haas, die mich bei diesem Buch maßgeblich unterstützt hat, sowie dem gesamten Nomen-Team in Düsseldorf. Im Rahmen vieler gemeinsamer Naming-Projekte weltweit haben wir einen großen Erfahrungsschatz aufgebaut, von dem Sie als Leser profitieren. Last, but not least ein herzliches Dankeschön an die vielen Unternehmen, die uns im Laufe von über drei Jahrzehnten ihr Vertrauen geschenkt haben und mit uns nun den Schritt in die digitale Markenwelt gemacht haben.

Viel Spaß beim Lesen!

Düsseldorf, Deutschland   Sybille Kircher

Inhaltsverzeichnis

1 Einleitung 1

2 Einführung in die analoge und digitale Welt
   der Markennamen 3

3 Positionierungsstrategien als Grundlage der
   Markennamenentwicklung 9

4 Zielgruppenansprache: B2C- versus B2B-Marken............... 17

5 Typologie der Markennamen 25

6 Herausforderungen beim Markenaufbau in der
   digitalen Welt 29

7 Markenemotionalisierung 33

8 Markenabsicherung 39

Schluss 45

Literatur.. 49

Einleitung

1

Die digitalen Medien nehmen längst großen Raum in unserem Leben ein. Die Zahl der Internetnutzer hat sich in nur zehn Jahren weltweit mehr als verdreifacht. Von einer Milliarde im Jahr 2005 stieg sie bis Ende 2015 auf 3,2 Mrd. In Deutschland sind es fast 80 % der Bevölkerung, in der Altersgruppe 14 bis 29 ist fast jeder im Web unterwegs. Praktisch jede Marke ist auch im Internet zu finden – und sei es nur mit einer Website zur klassischen Eigendarstellung. Doch die gut aufgestellten Unternehmen beschäftigen sich mit der Frage, wie sie ihre Marken auch tatsächlich im Internet etablieren können – sei es als reine Internetdienstleistung oder – und das ist der weit häufigere Fall, wie sie den Spagat zwischen der analogen und der digitalen Welt meistern. In beiden Fällen stehen Marken vor der Herausforderung, sich in der virtuellen Welt zu behaupten und die Zielgruppen zu begeistern. Die Digitalisierung unserer Lebensgewohnheiten stellt Marken vor eine große Herausforderung. Sie sollen einerseits für Kontinuität sorgen und andererseits ihre Flexibilität unter Beweis stellen. In den Tiefen der virtuellen Welt sollen sie leicht zugänglich sein und über eine besonders persönliche Ansprache die Anonymität überwinden. All das ist machbar, wenn die Marke auf einem soliden Fundament steht – einem tragfähigen Markennamen.

Dieses Buch erläutert die universalen Grundprinzipien, wie ein erfolgreicher Markenname aufgebaut und wie er langfristig in den Köpfen der Zielgruppen verankert werden kann. Es gibt einen Überblick über die Positionierungsstrategien als Grundlage der Namensentwicklung. Und es zeigt die verschiedenen Markennamenstrategien von Webmarken und deren Auswirkungen auf die Suchmaschinenrankings auf und erläutert die Möglichkeiten der

© Springer Fachmedien Wiesbaden GmbH 2017
S. Kircher, *Digitize Your Brand Name*, essentials,
DOI 10.1007/978-3-658-16277-1_1

Markenemotionalisierung mittels Markensprache. Zahlreiche Praxisbeispiele von Markennamen weltweit geben vertiefende Einblicke in die Erlebniswelt von Markennamen. Es ist ein Buch von Praktikern für Praktiker und alle, die Spaß an Markennamen, Sprache und digitalen Medien haben.

Einführung in die analoge und digitale Welt der Markennamen

2

Der Markenname ist einer der fundamentalen Bausteine im Marketing-Mix, denn er bringt die Produktpersönlichkeit mithilfe weniger Buchstaben auf den Punkt. Inmitten einer stetig wachsenden Markenvielfalt identifiziert und differenziert er das Angebot des betreffenden Unternehmens. Die Entwicklung attraktiver Marken gestaltet sich dabei Jahr für Jahr schwieriger. Den 26 Buchstaben des deutschen Alphabets, aus deren Kombination neue, unverwechselbare Markennamen gebildet werden können, stehen allein hierzulande über 800.000 eingetragene Marken entgegen, deren Markenrechte nicht verletzt werden dürfen (vgl. Abb. 2.1). Aktuell sind 3,5 Mio. international registrierte Marken angemeldet. Daher wird es immer wichtiger, kreative Namen zu entwickeln und systematisch abzusichern, da man ansonsten Gefahr läuft, viel Markenpotenzial zu verschenken.

2.1 Was einen guten Namen auszeichnet

Ein Markenname muss auffallen, um bemerkt zu werden und positiv in Erinnerung zu bleiben – selbstverständlich ohne negative Assoziationen zu wecken. Je markanter ein Name ist, desto deutlicher hebt sich das Angebot eines Anbieters im Wettbewerbsumfeld ab. Das Potenzial eines guten Namens erschließt sich allerdings nicht immer auf Anhieb. Je unkonventioneller ein Name ist, desto mehr Zeit braucht der Verbraucher, um sich daran zu gewöhnen. Kunstnamen ohne existierende Bedeutung (z. B. „Ixo" für einen handlichen Akku-Schrauber) oder fantasievolle Namen, bei denen man um die Ecke denken muss (z. B. „Emmas Enkel" für einen Online-Shop), stellen eine Möglichkeit dar, auf sich aufmerksam zu machen (Vgl. Abb. 2.2).

© Springer Fachmedien Wiesbaden GmbH 2017
S. Kircher, *Digitize Your Brand Name*, essentials,
DOI 10.1007/978-3-658-16277-1_2

Abb. 2.1 Markenaufbau wird zunehmend komplexer

Abb. 2.2 Auffällige
Namensgebung: IXO

Auch Provokation ist erlaubt, solange die Grenzen des guten Geschmacks nicht überschritten werden. Markennamen dürfen fast alles – nur nicht langweilig sein. Verbraucher verlangen heutzutage stärker denn je nach authentischen und individuellen Marken. Denn Marken sind für die meisten Menschen Mittel der Selbstinszenierung. Mit der Markenwahl demonstriert man Individualität und Selbstbewusstsein. Namen wie „Hüftgold" für ein Fashion-Label oder „Mania" für Parfum kommen bei der Zielgruppe an, weil sie das Anderssein zelebrieren.

2.2 Erfolgsfaktoren für Webmarken

Ein ansprechender Markenname bildet auch in der virtuellen Welt das Fundament für eine erfolgreiche Produktvermarktung. Dabei gestaltet sich die Namensfindung zunehmend schwierig, denn auch in den vermeintlichen Weiten des Internets ist es eng geworden. Mitte 2016 waren über 16 Mio. .de-Domains und über 126 Mio. .com-Domains registriert. Das Risiko, in dieser Flut mit einem schlecht gewählten Namen Schiffbruch zu erleiden, ist groß. Die klassische Vorgehensweise bei der Markenentwicklung gilt auch für Webmarken (Vgl. Abb. 2.3).

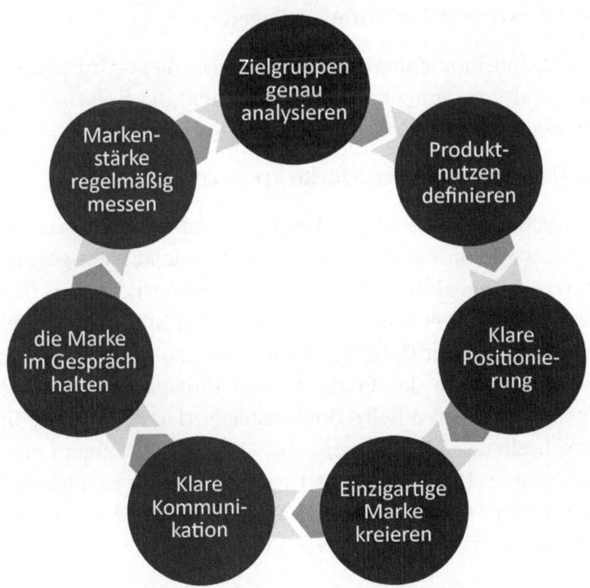

Abb. 2.3 Erfolgsfaktoren für Webmarken

Beispiel: airbnb

Die Erfolgsfaktoren für Webmarken werden im Folgenden am Beispiel von airbnb, einem Community-Marktplatz für die Buchung und Vermietung von weltweiten Unterkünften, skizziert.

Schritt 1: Zielgruppenanalyse

- Zielgruppe sind Individualreisende und Selbstversorger verschiedener Altersgruppen und Budgets. Die Kunden reisen gerne und sind offen, kontaktfreudig und neugierig. Sie verbindet Reise- und Abenteuerlust und das hautnahe Erleben fremder Kulturen.

Schritt 2: Mehrwert und Nutzen definieren

- Aus dieser präzisen Zielgruppenanalyse heraus lassen sich klare Nutzenargumente ableiten. Die Marke airbnb steht für Gemeinschaft: Als Kunde ist man Teil einer wachsenden Reisecommunity und während der Reise Gast in einer fremden Gemeinschaft. Durch den direkten Kontakt zu Einheimischen ist man mehr als „nur" Tourist. Man lernt „echte" Menschen kennen und lebt in „echten" Wohnungen – Reisen wird authentisch.

Schritt 3: Markenpositionierung festlegen

- Die Markenpositionierung von airbnb fasst diese Grundidee von „echter Gemeinschaft" zusammen. Der Slogan bringt die Botschaft markensprachlich auf den Punkt: „Belong Anywhere".

Schritt 4: Unverwechselbare Marke kreieren

- Eine unverwechselbare Marke braucht einen einzigartigen Namen. In der Anfangszeit von airbnb war eben dieser Umstand nicht gegeben. In seinen Anfängen im Jahr 2008 trug das Unternehmen noch den beschreibenden und schwerfälligen Namen „Airbedandbreakfast" – eine Kombination aus dem englischen Begriff für Luftmatratze („airbed") und „Bed & Breakfast". Zur Erhöhung der Prägnanz und Einzigartigkeit wurde der Bandwurmname 2009 um etliche Buchstaben verkürzt. Gleichzeitig wurde ein unverwechselbares Logo kreiert, das ebenfalls mit einem eigenen Namen versehen wurde: Bélo. Im Internet wurde das Logo als universelles Symbol für „Belonging" vorgestellt und Kunden und Fans dazu aufgerufen, eigene „Bélo"-Varianten zu gestalten (Vgl. Abb. 2.4).

Abb. 2.4 Bélo Logo

Schritt 5: Klare Kommunikation

- In der vorwiegend online stattfindenden Kommunikation werden die Kunden permanent eingebunden. Kampagnen-Claims und Statements erneuern immer wieder das Markenversprechen. Das Gleiche gilt für emotional ansprechende Bilderwelten.

Schritt 6: Im Gespräch bleiben

- Durch ein aktives Storytelling bleibt die Marke im Gespräch. Im virtuellen airbnb Community-Center wird durch Blogs, Clubs und Host Stories der Austausch innerhalb der Community gefördert. Social Media-Aktivitäten auf Facebook, Twitter, Google+ und LinkedIn ergänzen diese Angebote. Spektakuläre Aktionen wie „Night At" – zum Beispiel eine Übernachtung im Haibecken – sorgen zusätzlich für Gesprächsstoff.

Schritt 7: Markenstärke messen

- Der Erfolg gibt der Markenstrategie Recht: airbnb erzielte in den ersten fünf Jahren mit etwa zehn Millionen Übernachtungen einen Umsatz von 150 Mio. US$.

Positionierungsstrategien als Grundlage der Markennamenentwicklung 3

Die Kernbotschaft im Produktmarketing lautet: Kauf mich! Aber was genau motiviert Verbraucher eigentlich, eben das zu tun? Wie rückt man ein Produkt im Wettbewerbsumfeld wirkungsvoll in Szene? Selbstverständlich durch eine starke Markenpositionierung einschließlich passendem Namen. Bei der Markenpositionierung wird die Gestalt der Marke festgelegt – vom äußeren Erscheinungsbild bis hin zu den elementaren inneren Werten, die sie zukünftig verkörpern soll. Das übergeordnete Ziel besteht darin, die Einzigartigkeit der Marke zu unterstreichen, sie exakt an den Bedürfnissen der Verbraucher auszurichten und sie in den Augen der Verbraucher im Wettbewerbsumfeld unverwechselbar zu machen.

Die Markenpositionierung macht sich die Erkenntnis zunutze, dass sich Verbraucher umso intensiver und langfristiger an eine Marke binden, je stärker sie sich von ihr auf einer emotionalen Ebene angezogen fühlen. Daher gilt es, Wege zu den subjektiven Bedürfnissen der Verbraucher zu erschließen – indem man bestehende Wünsche erkennt und erfüllt oder indem man latente Sehnsüchte wachruft und befriedigt. Hierzu müssen die Stärken und Vorteile des Produkts oder Dienstleistung mithilfe eines emotionalen Storytellings herausgestellt werden. Erst durch diese zusätzliche Erlebnisdimension wird ein Produkt im Wettbewerbsumfeld zu einer einzigartigen und werthaltigen Marke, die von der Zielgruppe aktiv nachgefragt wird. Die Erkenntnisse der modernen Hirnforschung bestätigen dies. Über 95 % aller Entscheidungen treffen Menschen unbewusst aufgrund emotionaler Kriterien.

© Springer Fachmedien Wiesbaden GmbH 2017
S. Kircher, *Digitize Your Brand Name*, essentials,
DOI 10.1007/978-3-658-16277-1_3

3.1   Positionierungsstrategien in der analogen Welt

Neue Produkte sollen schnell zu Marken werden und möglichst bald Gewinne abwerfen. Ein nachvollziehbarer Wunsch, der jedoch enormen Erfolgsdruck seitens der Marketing-Verantwortlichen erzeugt. Dieser Stress schürt die Angst vor Fehlern bei der Produkttaufe. Ein Teufelskreis ist die Folge: Gewählt wird ein Name, der Produkteigenschaften beschreibt, statt eine Markenstory zu erzählen. Sobald sich Wettbewerber auf die gleichen Attribute fokussieren, gehen Alleinstellungsmerkmale unweigerlich verloren. Deshalb kann man gar nicht oft genug betonen: Wer nichts falsch macht, macht noch lange nicht alles richtig. Am Ende profitiert das Unternehmen, das im Markennamen auf eine emotionale Markenpositionierung gesetzt hat und sich nicht mit einer Beschreibung des Produkts oder der Dienstleistung zufrieden gegeben hat.

Bildhafte Namen sind erfolgreicher
Bei der Markenpositionierung kommt es nicht darauf an, ob der Konsument die vom Hersteller vorgegebene Botschaft tatsächlich versteht. So dürfte nicht jeder auf Anhieb das Wortspiel im Markennamen „Hohes C" erkennen – die Musiknote und den hohen Vitamingehalt. Allein schon über den Wortklang lässt sich eine Markenpositionierung transportieren. Ein gutes Beispiel ist „Patros" von Hochland. Anfang der Neunzigerjahre hieß die Käsespezialität schlicht „Feta" – und verkaufte sich nur schleppend. 1994 erhielt sie von Nomen den frei erfundenen Namen Patros. Im Namen wurde der lateinische Begriff „pater" (dt.: Vater) mit der Silbe „-ros" kombiniert. So entstand eine eingängige Bezeichnung für die Figur des Hirten, die bereits auf dem ursprünglichen Etikett vorhanden war und die bis heute für einen hohen Wiedererkennungswert der Marke sorgt (Vgl. Abb. 3.1). Der fantasievolle Name, der beim Verbraucher mediterrane Urlaubserinnerungen oder Sehnsüchte weckt, macht das Produkt zum Verkaufsschlager.

Auch Produkteigenschaften können im Namen ausgelobt werden – sie müssen nur verbal außergewöhnlich verpackt werden. Ein Beispiel ist „Froop". Die Molkerei Alois Müller suchte im Jahr 2003 einen kreativen Namen für ein innovatives Produkt. Ausgangssituation war ein stagnierender Joghurtmarkt. Die unternehmenseigene Marktforschung hatte damals noch Wachstumspotenziale im Markt für fruchtige Joghurts ausgelotet. Daraufhin wurde das Produkt „Frucht auf Joghurt" entwickelt, das sich von den Wettbewerbsprodukten am Markt durch seine Neuinterpretation des Themas „Frucht" unterschied. Das neue Produkt stellte das bisher Dagewesene auf den Kopf – Frucht oben, Joghurt unten. Die Frucht kam damit beim Verzehr zuerst, was auch den Weg zum Claim „das

Abb. 3.1 PATROS

oberfruchtige Joghurterlebnis" ebnete. Die Idee, das Produkt einfach „Frucht auf Joghurt" zu nennen, wurde schnell verworfen. Zum einen, weil der sperrige deutsche Name sich nicht für eine internationale Vermarktung anbot. Zum anderen sollte der innovative Charakter dieses Milchprodukts auch durch einen entsprechend auffälligen und attraktiven Namen herausgestellt werden. Ein eigenständiger, erweiterungsfähiger Name sollte die neue Produktkategorie repräsentieren. Der Marketing-Fokus lag dabei auf der Eigenschaft „oberfruchtig". Am Ende entschied man sich für „Froop", weil dieser Name das Fruchterlebnis kreativ und dennoch klar zum Ausdruck bringt. Zugleich ist er wegen seiner hohen Eigenständigkeit markenrechtlich uneingeschränkt schutzfähig und auch in sprachlicher Hinsicht international einsetzbar, was für das international stark expandierende Unternehmen ein wichtiges Entscheidungskriterium darstellte. Bereits anderthalb Monate nach der Einführung des Produkts verzeichnete die Molkerei hervorragende Distributionszahlen (Vgl. Abb. 3.2).

Abb. 3.2 FROOP

3.2   Positionierungsstrategien in der digitalen Welt

Auch in der digitalen Welt bietet es sich an, in Sachen Positionierungsstrategie einen neuen Kategorie-Nutzen zu besetzen. Ein gutes Beispiel liefert MyMuesli. Das 2007 gegründete Unternehmen überzeugte mit einer ungewöhnlichen Geschäftsidee. Kunden können sich ihr Bio-Müsli online selbst zusammenzustellen und nach Hause liefern lassen. Die Rechnung ging auf, aus dem Start-Up ist eine starke Marke geworden. Längst ist das Internet nicht mehr der Hauptabsatzkanal, inzwischen steht das Produkt auch in Supermarkt- und Drogerieregalen.

So gelungen die Markenpositionierung auch ist, der Name ist es aus den bereits dargestellten Gründen nicht. Gerade bei einer neuartigen Markenpositionierung ist entschieden davon abzuraten, das Produkt mit einem beschreibenden Namen zu versehen. Zwar erklärt sich das Angebot selbst und der Aufwand für die Markenkommunikation bleibt überschaubar. Der große Nachteil ist aber, dass beschreibende Namensbestandteile auch von anderen Anbietern verwendet werden dürfen, da sie markenrechtlich nicht schützbar sind. Die Gefahr ist groß, dass die eigene Marke durch Nachahmer mit ähnlichen Namen an Profil verliert. Eine Ausdehnung des Produktangebotes in andere Warenbereiche, wie z. B. Getränke oder Milchprodukte ist mit diesem Namen nicht möglich. So hat MyMuesli beispielsweise neue Marken für Orangensaft (OH!Saft) und für Tee (Tree of Tea) entwickelt.

Solange man die Bühne mit einer neuen Geschäftsidee betritt, ist das Thema Markenpositionierung und -benennung noch vergleichsweise überschaubar. Schwierig wird es hingegen, wenn eine bestehende Marke an ihre Grenzen stößt und neu ausgerichtet und benannt werden muss. Allen voran die Marke Google.

Markenstrategie zeigt Innovationsfähigkeit

Google war viele Jahre ein sogenanntes Branded House. Die Unternehmensmarke repräsentierte zahlreiche Felder wie z. B. Google Apps, Google Books oder Google Maps. Diese Geschäftsfelder profitieren vom Vertrauen, das die Dachmarke genießt. Die Branded House-Strategie ließ Google vom kleinen Start-up-Unternehmen zum fünftgrößten Technologie-Konzern der Welt werden. Doch längst ist das zentralisierte Markensystem an seine Grenzen gestoßen. Google gilt – zumindest aus Konsumentensicht – als Synonym für Suchmaschinen. Diese Kernkompetenz behindert die weitere Entwicklung des Unternehmens. Aus Investoren-Sicht ist Google beispielsweise auch eine profitable Technologie-Unternehmung. Mit jedem Zukauf anderer Technologie-Firmen, zum Beispiel Biotechnologie, wird die Google-Identität zunehmend unscharf.

Da Suchmaschinen langfristig an Innovationskraft verlieren, weil sie für den Konsumenten zur Normalität werden, ging es für Google darum, die Innovationsfähigkeit der Geschäftsfelder zu erhalten. Denn Google ist in sehr unterschiedlichen Bereichen aktiv – von Medien über selbstfahrende Autos, Life Sciences bis hin zu Smart Home-Lösungen. Mit der neuen, deutlich flexibleren Markenstruktur kann das Unternehmen als House of Brands schlank in die Zukunft geführt werden. Der Name Alphabet steht als Dachname der Holding über allen Geschäftsbereichen. Jedes Unternehmen im Markenhaus (z. B. Calico für Biotechnologie, Nest für Smart Home) kann unabhängig agieren, ohne dass das über

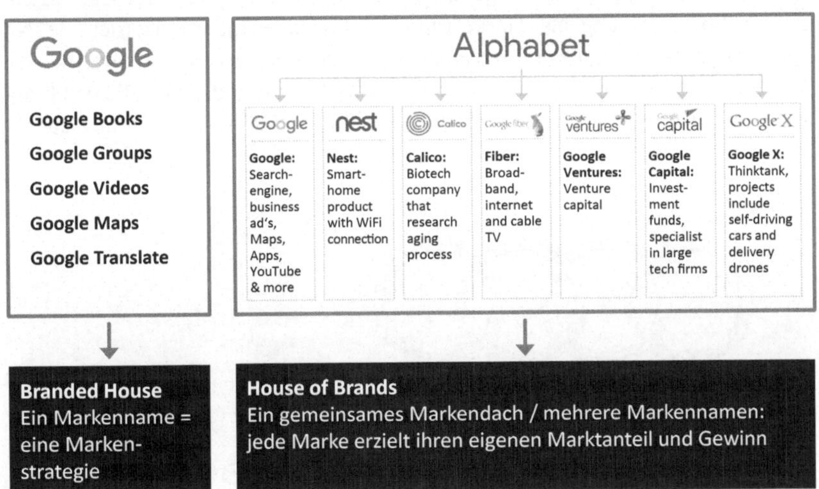

Abb. 3.3 Branding-Strategien am Beispiel GOOGLE

Jahre aufgebaute Image der Marke Google verwässert wird. Gleichzeitig wird die Kreativität und Vitalität der Marken stimuliert und die Flexibilität der gesamten Unternehmensgruppe gesteigert (Vgl. Abb. 3.3).

3.3   Positionierung und Rebranding

Im Laufe des Lebenszyklus einer Marke werden immer wieder Repositionierungen vorgenommen, um die Marke an die dynamischen, sich ändernden Marktgegebenheiten anzupassen. Gerade bei einer sich ändernden Wettbewerbsposition, die z. B. eine Marktschrumpfung nach sich zieht, ist eine Änderung der Positionierung erforderlich. Ein neuer Markenauftritt, andere Slogans, eine andere Kundenansprache oder auch ein verändertes Logo zeugen von einer Repositionierung. So hat sich beispielsweise die noch Anfang der Neunzigerjahre als bieder angesehene Marke Audi zu einer absoluten Premiumautomarke mit stark innovativem Charakter gewandelt. Der Markenclaim „Vorsprung durch Technik" spiegelt die Positionierung als Innovationsführer wider (Vgl. Abb. 3.4).

Die Marke Nivea hat sich von einer Pflegemarke hin zu einer Schönheitspflege-Marke entwickelt. So führte Nivea in 1998 die Subbrand Nivea Beauté ein und verwendete Claims wie „Schönheit ist …" beziehungsweise „Schönheit ist Zauber". Die Subbrand Nivea Beauté, unter der alle Produkte für dekorative Kosmetik wie z. B. Lippenstift, Nagellack, Lidschatten angeboten wurden, machte die neue Positionierung als Marke rund um Schönheitspflege deutlich. Jedoch zeigte sich, dass Nivea diese Positionierung gegenüber starken Wettbewerber wie L'Oréal oder Maybelline nicht aufrechterhalten konnte und nahm die Subbrand Nivea Beauté 2011 wieder vom Markt. Es erfolgte eine Refokussierung auf die

Abb. 3.4 Markenclaim AUDI

ursprüngliche Positionierung der Marke Nivea als Marke für Hautpflege. Optisch wird diese Repositionierung an dem geänderten Logo (der blaue Kreis in Anlehnung an die blaue Nivea Crème Dose) und der neuen Designsprache der Produktverpackungen sichtbar (Vgl. Abb. 3.5).

Der Markenname sollte nur in Ausnahmefällen geändert werden, nämlich dann, wenn man feststellt, dass der Name keine neuen Absatzpotenziale erzielen kann. Weil er beispielsweise nicht internationalisierungsfähig ist, im Internet nicht gefunden werden kann oder von den Zielgruppen abgelehnt wird. So steht die Fluglinie Malaysia Airlines im Sommer 2016 vor der Frage, ob sie nach dem Absturz von zwei Maschinen ihren Namen ändern soll. Die Namensänderung ist bei Repositionierungen immer das letzte Mittel, wenn keine andere Lösung gefunden werden kann. Der Name ist identitätsstiftend. Jede Namensänderung begründet eine neue Identität.

In der digitalen Welt kommen Rebranding-Maßnahmen häufig vor, weil ein voreilig gewählter Name zu wenig die langfristige Markenpositionierung stützt. So wurde der Name Open BC für ein Business Netzwerk etwa 3 Jahre nach seinem Start in Xing umgetauft. Es zeigte sich, dass Open BC im englischen Sprachraum nicht klar ist, da BC dort für „Before Christ" steht. Der Namensbestandteil Open hat viel Verunsicherung bei den Usern ausgelöst, da er „offen" bedeutet und viele gedacht haben, dass die Kontakte öffentlich zugänglich sind. Das entsprach nicht dem Sicherheitskonzept der Plattform. Auch gab es einige Nachahmer wie Model BC, Social BC, Gay BC etc. Mit dem einzigartigen Namen Xing ist ein griffiger Name entstanden, der die Idee von „Crossing", Begegnungen, Austausch in sich trägt. Die Plattform ist mit dem Namen Xing auf Rekordwachstum. Mittlerweile nutzen mehr als zehn Millionen Menschen im deutschsprachigen Raum dieses Business-Netzwerk.

Abb. 3.5 NIVEA Logo

Für das Dating-Portal Friendscout24 wurde ebenfalls ein Rebranding durchgeführt, nachdem man durch die Marktforschung festgestellt hatte, dass der Name Friendscout24 eher an eine Freundschafts- oder Social-Media-Plattform erinnert, jedoch nicht an einen Datingservice, der Singles dabei hilft, den passenden Partner zu finden. Das Unternehmen, das zur Meetic-Gruppe gehört, entschied sich, den seit 15 Jahren am Markt bekannten Namen Friendscout24 in Lovescout24 umzubenennen. Eine gute Entscheidung, denn durch die Weiterführung der Endung scout24 knüpft man an gelernte Markenwerte an und untermauert durch die geänderte Vorsilbe gleichzeitig die Positionierung als Dating-Portal (Vgl. Abb. 3.6).

Abb. 3.6 LOVE SCOUT 24

Zielgruppenansprache: B2C-versus B2B-Marken 4

Langweilige Botschaften wecken in keiner Branche echte Begeisterung – und somit auch keine Nachfrage. Doch beschreibende Namen fallen in der heutigen Produktvielfalt nicht auf und werden daher auch nicht wahrgenommen. Wie weit aber darf man gehen, um sich im Wettbewerbsumfeld abzuheben? Dieser Frage ist die Düsseldorfer Namensagentur Nomen vor einiger Zeit mithilfe deutschlandweiter qualitativer Namenstests nachgegangen. Verbrauchern wurden auffällige, teilweise provokante Namen sowie weniger bildhafte, sachliche Namen vorgestellt. Das Ergebnis war eindeutig. Die bildhaften Namen wurden durchweg sympathischer beurteilt und blieben den Verbrauchern besser im Gedächtnis als die „vernünftigeren" Vergleichsnamen. Dass die zum Teil als provokant empfundenen Namen zunächst für Diskussionsstoff sorgten, erwies sich nicht als hinderlich. Im Gegenteil: Gerade weil diese Namen eine große Reibefläche boten, waren sie in aller Munde – und prägten sich nachhaltig ein.

Skeptiker dürften nun einwenden: Im Consumer-Bereich ist Kreativität erlaubt, aber gilt das auch für B2B? Ja, selbstverständlich sind auch bildhafte Namen seriös. Man denke nur an den in der Medizintechnik langjährig etablierten Markennamen Octopus®. Das mehrarmige Gerät wird bei Operationen am offenen Herzen eingesetzt, also in einem Kontext, indem es tatsächlich um Leben und Tod geht. Die Befürchtung, dass ein ungewöhnlicher Name vom Verbraucher als unseriös empfunden wird, ist unbegründet. Kunden setzen voraus, dass ein Produkt qualitativ erstklassig und sein Hersteller kompetent ist. Dies muss sich nicht in einem stromlinienförmigen Namen niederschlagen. Ein mutiger Name ist vielmehr Ausdruck von Selbstbewusstsein und Individualität. Dies gilt sowohl für den Hersteller als auch für den Käufer des Produkts.

© Springer Fachmedien Wiesbaden GmbH 2017
S. Kircher, *Digitize Your Brand Name,* essentials,
DOI 10.1007/978-3-658-16277-1_4

4.1   Was Endverbraucher anspricht

Hauptsache anders, lautet die Devise. Es ist ein Trugschluss, dass sich die Attraktivität und Einprägsamkeit eines Namens aus der Anzahl seiner Buchstaben ergibt – nach dem Motto, je kürzer, desto besser. Die Bildhaftigkeit als Voraussetzung für Merkfähigkeit wurde bereits erwähnt. *Apple* für Computer oder *Amazon* für einen Online-Handel sind Beispiele für merkfähige Namen. Denn das menschliche Gehirn nimmt vorrangig solche Informationen auf, die es einem gegenständlichen Pendant zuordnen kann. Zwei Beispiele zeigen, warum logisch langweilig ist: Unter der Marke Teekanne wurde früher ein Früchtetee in der Geschmacksrichtung *Himbeer-Kirsch* angeboten. Das Produkt fiel im Supermarktregal kaum auf – seit es *Heiße Liebe* heißt dafür umso mehr. Auch die Umbenennung des Kleintransporters *LT* von Volkswagen zahlte sich aus. Mit dem „sprechenden" Namen *Crafter* kommt das Modell deutlich besser zur Geltung.

Für die Produkttaufe bieten sich auch solche Namen an, die über den Klang das Produktversprechen widerspiegeln. Dies ist beispielsweise in dem Namen Arocs für eine LKW-Baureihe für den Bauverkehr gelungen. Der Name imitiert klanglich den USP des Produkts: robust, leistungsstark, kräftig. Die Merkfähigkeit steigt auch durch ein auffälliges, von der gewohnten Sprachstruktur abweichendes Laut- und Schriftbild. *Iglo* erinnert an einen Iglu mit Tippfehler. Dennoch meldet unser Gehirn „Eskimo-Hütte im Eis" – der perfekte Name für Tiefkühlprodukte. Namen wie *Häagen-Dazs* oder *Freixenet* sind wahre Zungenbrecher. Doch hat man sie erst einmal gelernt, vergisst man sie nicht mehr (Vgl. Abb. 4.1).

4.2   Marken im B2B-Kontext

Wer sich über ein Produkt oder Service-Angebot informieren möchte, tut dies heute in der Regel zunächst über das Internet. In dieser Hinsicht verhalten sich B2B-Kunden nicht anders als Endverbraucher. Insbesondere dann, wenn ein Unternehmen mehrere Marken bewirbt oder unter einer Dachmarke etliche Produktmarken angeboten werden, sind daher ordnende Strukturen erfolgsentscheidend. Markenarchitektur lautet das Stichwort, also die Profilierung und Abgrenzung der Marken und Produkte des Unternehmens gegenüber Wettbewerbern mittels einer individuell prägenden Namensgebung. Sie sorgt dafür, dass das Unternehmen mit seinen Produktmarken von den ausgewählten Zielgruppen schnell und eindeutig identifiziert und lokalisiert werden kann. Dies ist ein echter Wettbewerbsvorsprung, denn je aufgeräumter das Webmarkenportfolio eines Her-

Abb. 4.1 FREIXENET

stellers ist, desto besser stehen die Chancen, dass die gewünschte Zielgruppe im
virtuellen Wirrwarr den Weg dorthin findet. Der Anbieter muss es der Zielgruppe
leicht machen. Befindet sich der Kunde erst mal auf der Webseite, sollte er mit
maximal drei Klicks sein präferiertes Produkt gefunden haben.

Richtungsweisend: Namensstrukturen
Im B2B-Branding geht der Naming-Trend bereits seit Jahren in Richtung soge-
nannter Namensstrukturen. Denn was logisch aufgebaut ist, ist auch leicht zu
finden – ein Grundbedürfnis eines jeden Geschäftskunden. Bei Namensstrukturen geht es zunächst darum, das Angebot zu strukturieren und Produktpakete
zu schnüren. Für Siemens Mobility Services wurde das Komplett-Angebot wie
ein Websiten-Menü in sechs verschiedene Service-Bereiche untergliedert. Die
Service-Bereiche erhielten allgemein beschreibende Namen. Darunter fächern
sich die einzelnen Services weiter auf, wobei jeder Bereich ein exklusives Adjek-

tiv erhält. Dies sorgt für einen hohen Wiedererkennungswert und hilft dem Interessenten, sich im Produktsortiment zurechtzufinden. Ein weiterer Vorteil dieser Lösung: Die Namensstruktur kann im Falle von Angebotserweiterungen einfach mitwachsen.

Beispiel: Siemens Mobility Services

Das Unternehmen bietet ein komplettes und entsprechend umfangreiches Produktspektrum von Dienstleistungen rund um den Schienenverkehr. Das Markenversprechen – guter Service – kommt bereits in der aufgeräumten Namensstruktur zum Ausdruck (Vgl. Abb. 4.2).

Plattformmarken gehört die Zukunft

Bis zu 50 Mrd. Gegenstände sollen – so schätzt die CeBIT (Link: http://www.cebit.de/de/news-trends/trends/internet-der-dinge/) – bis 2020 im Internet der Dinge miteinander vernetzt sein. Theoretisch kann alles an das Netz angeschlossen werden: Haushaltsgeräte, Kleidung, Möbel und Tiere in der Landwirtschaft. Die Formulierung „Internet der Dinge" wurde übrigens erstmals von dem britischen Technologie-Pionier Kevin Ashton in einem Vortrag verwendet.

Deshalb geht es auch beim Digital Naming sehr häufig um Vernetzung – Plattformmarken liegen im Trend. Sie sind gleichzeitig Produkt, Interface zum Kun-

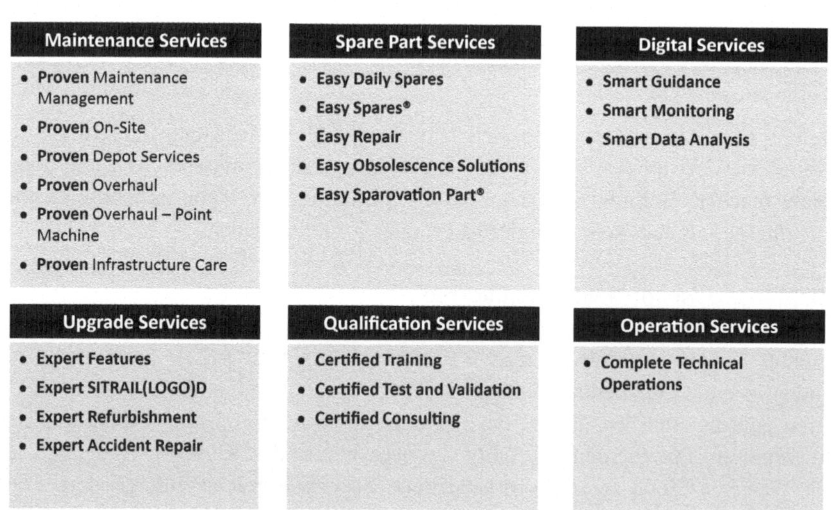

Abb. 4.2 Grafik Strukturierte Benennung der Siemens Mobility Services

den und Kommunikationszentrale. So verknüpfen sie verschiedene Angebote zu einem intelligenten System mit extrem hohem Nutzwert für den User. Im Sinne einer erfolgreichen Markenpositionierung ist es unerlässlich, aus der Perspektive des Users zu denken, um die Marke optimal auf sich ändernde Bedürfnisse zu kalibrieren. Damit über eine Plattformmarke zukünftig weitere Produkte und Dienstleistungen angeboten werden können, darf der Name inhaltlich nicht zu einschränkend sein. Schließlich muss der Markenname mit dem rasanten Tempo der technischen Entwicklungen auch langfristig Schritt halten.

Mercedes-Benz macht vor, wie man Unsichtbares sichtbar und Kompliziertes einfach macht. Eine Online-Plattform zur Fuhrpark-Verwaltung bietet Geschäftskunden einen besonderen Service. Reparaturabwicklungen, Services und Rechnungsstellung werden zentral gesteuert und den Nutzern aus einer Hand angeboten. Der von Nomen Deutschland entwickelte Name Fleetsite positioniert die Website folgerichtig als Top-Adresse für anspruchsvolle Flottenmanager.

Ein weiteres Beispiel für einen inhaltlich offenen, unverwechselbaren und gleichzeitig technisch anmutenden Namen ist die von Nomen entwickelte Plattformmarke Axoom. Der IT-Dienstleister für fertigende Unternehmen bedient herstellerunabhängig die gesamte Wertschöpfungskette. Durch seine modularen

Abb. 4.3 AXOOM

Lösungen können sich Fertigungsbetriebe mit Axoom in individuellem Tempo Schritt für Schritt in Richtung Industrie 4.0 entwickeln. Der Name positioniert die Plattform als „Achse" und lässt die Vorstellung des genauen Hinsehens („zoomen") anklingen. Ein Verweis darauf, dass alle Akteure im Rahmen von Industrie 4.0 alle Prozesse in Echtzeit mitverfolgen können (Vgl. Abb. 4.3).

4.3   Marken vor dem Hintergrund der Customer Journey

Jeder einzelne Kontaktpunkt mit der Marke hinterlässt Spuren in den Köpfen der User. In den meisten Fällen steuern diese Spuren unterbewusst den Eindruck unserer Markenwahrnehmung. Im Durchschnitt gibt es bei jeder Marke 100 bis 500 Kundenkontaktpunkte. Um ein positives und im Sinne der Markenpositionierung konsistentes Markenerlebnis aufzubauen, müssen zunächst alle Kundenkontaktpunkte identifiziert werden. Danach gilt es die Kundenkontaktpunkte so miteinander zu verzahnen, dass sie auf die gleiche Positionierung einzahlen. So unterscheidet sich z. B. der Kundenkontakt bei manchen Energieanbietern in der Geschäftsstelle, auf der Homepage oder in der schriftlichen Kommunikation, wie z. B. der Rechnung gegenüber dem Kunden erheblich. Wichtig ist, die relevanten Kundenkontaktpunkte zu ermitteln, um diese dann möglichst positiv für die Markenwahrnehmung zu gestalten. Für einen Online-Mode-Händler ist z. B. das Paket ein wichtiger Kundenkontaktpunkt. Es ist der erste Kontakt mit der bestellten Ware und bringt die Vorfreude auf den ersehnten Inhalt zum Höhepunkt. Die Marke Outfittery, ein Online-Shopping-Dienst für Männer, hatte ursprünglich Standard-Verpackungen benutzt. Die Umstellung der Pakete auf schicke, kofferähnliche Outfittery-Boxen mit Tragegriff steigerte das hochwertige Markenerlebnis (Vgl. Abb. 4.4). In Bezug auf den Markennamen gilt es darauf zu achten, dass der Name auf allen Kundenkontaktpunkten identisch und eindeutig lesbar wiedergegeben wird. Es darf nicht sein, dass der Name manchmal ausgeschrieben und manchmal in abgekürzter Form dargestellt wird (Vgl. Abb. 4.5).

Abb. 4.4   Verpackung von OUTFITTERY

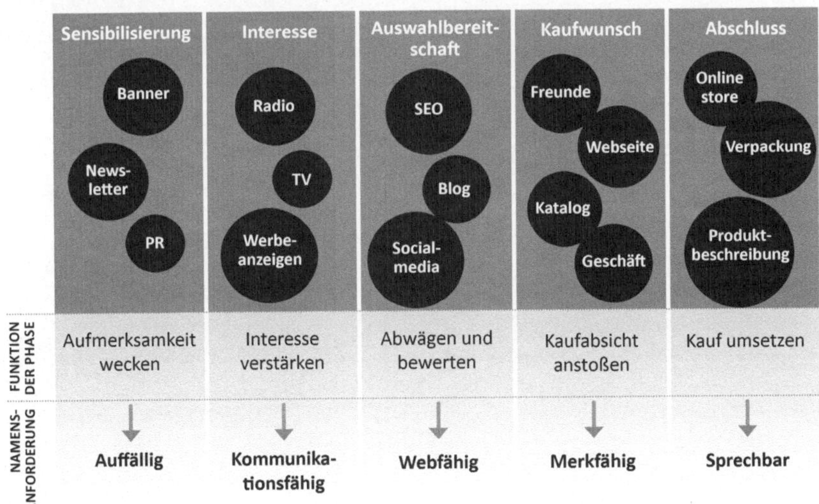

Abb. 4.5   Phasen der Customer Journey

Typologie der Markennamen 5

Zu Beginn einer professionellen Namensentwicklung stellt sich immer die Frage, ob der Markenname beschreibend, assoziativ oder frei erfunden sein soll. Die Antwort ist abhängig davon, was der Name langfristig leisten soll.

5.1 Beschreibende Namen

Deskriptive Namen beschreiben eine unmittelbare Eigenschaft des Produkts, zum Beispiel *Bücher.de*, Gebrauchtwagen.de oder Singles.de. Auf den ersten Blick scheint einiges für sie zu sprechen: Man braucht keine kreative Ader bei ihrer Entwicklung, sie sind leicht zu verstehen und enthalten praktischerweise bereits das zentrale Keyword für die Suchmaschinen. Aber Achtung: Bei der Namensfindung für Digital Brands sollte man sich nicht von den Spielregeln des SEO-Textens leiten lassen. Zwischen Domainnamen und Markennamen liegen Welten.

SEO-Denken könnte zu der Annahme verleiten, dass ein beschreibender Name automatisch das Suchmaschinenranking verbessert, weil auf diese Weise ein bestimmtes Keyword häufiger verwendet und auf lange Sicht von einem Anbieter monopolisiert wird. Falsch! Das Gegenteil ist der Fall: Je beschreibender ein Markenname, desto schwieriger wird es, ihn nach oben zu bringen, da er sich im Ranking ganz hinten anstellen muss. Ein einzigartiger Markenname erfordert zwar anfänglich einen höheren Kommunikationsaufwand und muss aktiv vom User gesucht werden. Doch er hebt sich unmittelbar aus der Masse hervor und erhält dadurch eine ganz eigene Qualität und Wertigkeit. Idealerweise sollte der einzigartige Markenname mit dem entsprechenden Gattungsbegriff kombiniert werden (z. B. Ixo, der Akku-Schrauber).

© Springer Fachmedien Wiesbaden GmbH 2017
S. Kircher, *Digitize Your Brand Name*, essentials,
DOI 10.1007/978-3-658-16277-1_5

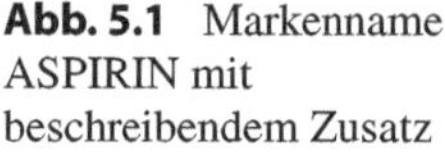

Abb. 5.1 Markenname
ASPIRIN mit
beschreibendem Zusatz

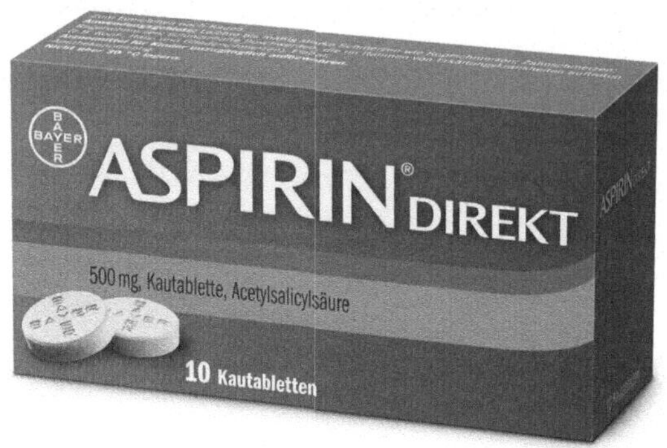

▶   Suchmaschinenoptimierung ist nicht Aufgabe des Markennamens,
      sondern der Content-Strategie!

Beschreibende Namen bieten keinen oder nur eingeschränkten juristischen
Schutz – beispielsweise als Wort-Bild-Marke, dabei läuft der verbale Bestand-
teil dennoch stets Gefahr zu verwässern. Bezeichnungen, die eine direkte
Produkteigenschaft widerspiegeln, sind freihaltebedürftig und dürfen von
einzelnen Anbietern markenrechtlich nicht monopolisiert – sprich als Marke
registriert – werden. Im Falle von *Aspirin direkt* unterliegt beispielsweise nur
der Markenbestandteil Aspirin juristischem Schutz, der Zusatz *direkt* wegen
seines produktbeschreibenden Charakters hingegen nicht (Vgl. Abb. 5.1).
Somit kann jeder andere Hersteller die Wirkung seiner Medikamente ebenfalls
mit diesem Zusatz ausloben. Beschreibende Namen haben also für sich alleine
gesehen keinen Markencharakter, da sie beliebig kopiert werden können und
somit austauschbar sind. Allerdings können sie durchaus zur Bezeichnung von
Sub-Brands unter einer starken Dachmarke oder im Rahmen einer Namensstruktur nützlich sein.

▶   Beschreibende Namen bieten keinen markenrechtlichen Schutz!

5.2   Assoziative Namen

Im Unterschied dazu bringen assoziative Namen die Markenbotschaft fantasievoll
zum Ausdruck. Sie beschreiben nicht die unmittelbaren Produkteigenschaften,
sondern reflektieren die Produktpersönlichkeit auf eine Art und Weise, die auf den

ersten Blick nichts mit dem Produkt zu tun hat. So haben Tiernamen wie Jaguar oder Mustang logisch betrachtet nichts mit Autos zu tun. Das verbindende Element sind jedoch die mit diesen Tieren assoziierten Eigenschaften – Schnelligkeit und Eleganz, aber auch Aggressivität. Durch die Namenswahl werden diese Eigenschaften automatisch auch dem Produkt zugeschrieben. Ähnlich wie Metaphern, bilden assoziative Namen somit die Vorzüge eines Produkts mittels eines Vergleichs plastischer ab, als es ein beschreibender Name könnte. Ein weiteres Beispiel ist Montblanc für einen hochwertigen Kugelschreiber. Andererseits gibt es durchaus auch assoziative Namen, die keine rational erklärbare Verbindung zum Produkt besitzen. Orange für einen Telekommunikationsanbieter oder Uhu für einen Klebestift machen selbst nach gründlicher Interpretation keinen Sinn. Für den Markenerfolg ist dies unwesentlich. Entscheidend ist allein, ob der Name sich durch seine Originalität einen bleibenden Platz im Kopf des Verbrauchers sichern kann.

▶   Ein assoziativer Name ist dann die richtige Wahl, wenn darunter eine eigenständige Marke aufgebaut werden soll.

5.3   Kunstnamen

Artifizielle Namen sind reine Kunstnamen, die frei erfunden sind und weder eine offensichtliche noch eine versteckte Bedeutung besitzen. Bekannte Beispiele sind Zalando für einen Online-Handel, Yaris für einen Cityflitzer von Toyota oder Sensodyne für eine Zahnpasta (Vgl. Abb. 5.2). Kunstnamen bieten im Vergleich zu beschreibenden und assoziativen Namen eine bessere juristische Schutzfähigkeit. Allerdings lösen sie beim Verbraucher keine durch den Markeninhaber steuerbaren Vorstellungen aus. Daher erfordert es einen vergleichsweise hohen Kommunikationsaufwand, um den Markennamen in den Köpfen der Verbraucher zu verankern. Gelingt dies, steht seinem nachhaltigen Erfolg jedoch nichts mehr im Wege. Genau wie assoziative Namen eignen sich Kunstnamen zur Kreation einer starken, unverwechselbaren Markenpersönlichkeit. Sie bieten zudem den Vorteil, dass sie aufgrund ihrer Einmaligkeit in den Suchmaschinen direkt möglichst weit vorne landen (Vgl. Abb. 5.3).

▶   Kunstnamen erfordern anfänglich den höchsten Kommunikationsaufwand, da sie keine festen Vorstellungen auslösen. Einmal gelernt, bleiben sie allerdings besser im Gedächtnis.

Abb. 5.2   Kunstname YARIS

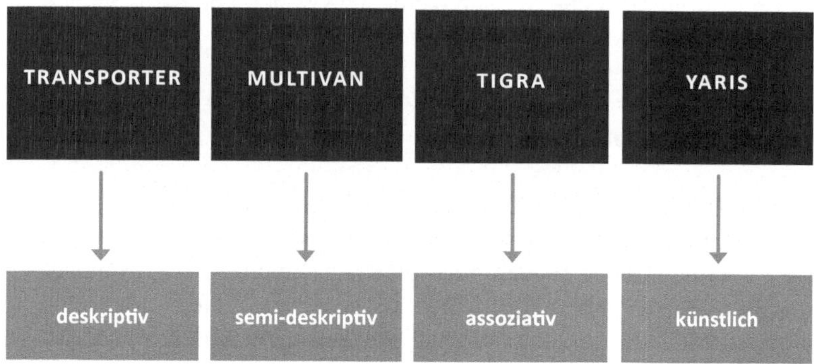

Abb. 5.3   Typologie der Markennamen

Herausforderungen beim Markenaufbau in der digitalen Welt 6

Theoretisch bietet das Internet unbegrenzte Möglichkeiten für Marketing-Aktivitäten. Die Basis hierfür muss jedoch erst einmal ganz praktisch geschaffen und dauerhaft gesichert werden. Neben Markenschutz und sprachlich-kultureller Absicherung gibt es weitere Herausforderungen. Die folgenden Hürden und Hindernisse gilt es zu überwinden.

6.1 Markenverwässerung durch Nachahmer

Ob PKW.de, auto.de, automobile.de oder auto24.de – Internetmarken sind oft beschreibend und das gilt nicht nur für Pkw-Vergleichsportale. Dies ist aus zwei Gründen problematisch. Erstens: Durch den fehlenden Alleinstellungscharakter kann ein Hersteller niemals nur für seine Produkte werben. Jede Kampagne bedient immer die gesamte Branche. Zweitens: Beschreibende Namen genießen keinen Markenschutz und können daher von Wettbewerbern beliebig kopiert werden. Differenzierung also gleich Null. Außerdem bremsen beschreibende Namen die Geschäftsentwicklung. Wo stünde Zalando heute wohl, wenn es damals schuh.de geheißen hätte? Dass sich Mut zur Kreativität auszahlen kann, zeigte sich beispielsweise nach der Umbenennung des Business-Netzwerks OpenBC in Xing – bis heute ein unverwechselbarer, merkfähiger Name.

Man muss allerdings einräumen, dass auch Kreativität keinen umfassenden Schutz für Nachahmung bietet. Zalando steht heute inmitten einer eintönigen Markenlandschaft, bestehend aus Namen wie Gymondo, Limango, Tirendo, Lieferando oder Opodo, Mirapodo und Trivago. Das Gleiche gilt auch für den „Ohne-e-Trend". Tumblr, Grindr, Happn, Blendr, Trnd – der Nachahmungseffekt lässt jegliche Originalität verpuffen und die Marken austauschbar erscheinen. Ärgerlich für denjenigen, der die Idee zuerst hatte.

© Springer Fachmedien Wiesbaden GmbH 2017
S. Kircher, *Digitize Your Brand Name*, essentials,
DOI 10.1007/978-3-658-16277-1_6

6.2   Generische Verselbstständigung

Mit Facebook wurde vor einiger Zeit wieder eine Marke in den Duden aufgenommen. Wenn Marken in den Sprachgebrauch übergehen, gilt das nach allgemeinem Empfinden als eine Art Ritterschlag. Doch Vorsicht: Der Übergang eines Markennamens zu einem Gattungsbegriff kann für den Markeninhaber riskant werden. Dann nämlich, wenn der Verbraucher den generischen Namen nicht mehr der richtigen Marke zuordnet und beispielsweise mit ElitePartner oder neu.de parshippt. Diese Verwässerung des Markenprofils kann im schlimmsten Fall sogar zum Verlust der Markenrechte führen. Hier hilft nur eine konsequente und kontinuierliche Markenpflege. Google ist in dieser Hinsicht sehr aktiv. Das Unternehmen wehrt sich seit Jahren dagegen, dass der eigene Markenname zum Allgemeingut wird. 2006 forderte das Unternehmen Verlage und Redaktionen weltweit auf, „googeln" nicht mehr im allgemeinen Sinne von „im Internet suchen" zu verwenden. Um einen Markenrechtsstreit zu vermeiden, änderte der Duden daraufhin den entsprechenden Eintrag in „im Internet mit Google suchen" um.

6.3   Shitstorms

Die sozialen Netzwerke sind ein Bekanntheitsturbo für Marken. Entscheidend für den Markenerfolg ist, wie professionell das Unternehmen mit der Community umgeht. Die visuelle und verbale Kommunikation muss mit der Markenbotschaft im Einklang stehen. Mindestens genauso wichtig wie das Senden von Botschaften ist das Zuhören. Vorschläge und Kommentare müssen nicht nur eingeholt werden, sondern auch beantwortet werden – auch im Falle eines negativen Feedbacks.

Glücklich können sich all jene Unternehmen schätzen, die noch keinen Shitstorm erlebt haben. Gerade wenn es um ein so emotionales Thema wie Namen geht, bleibt aber kaum eine Marke davon verschont, daher ist Sorgfalt bei der Namenswahl das A und O. Vergleichsweise harmlos sind Diskussionen, die bei der Vorstellung eines neuen Namens regelmäßig entbrennen. Sie zeigen einmal mehr, dass Geschmäcker verschieden sind und man darüber vortrefflich streiten kann. Schwieriger wird es, wenn ein tatsächlicher Faux-pas begangen wurde. So verkaufte Aldi kurz nach den Anschlägen in Paris zu Silvester ein Premium-Familien-Feuerwerksortiment mit dem Namen „Paris" und der Produktbeschreibung „Bombenfüllung". Der Schuss ging in den sozialen Netzwerken im wahrsten Sinne des Wortes nach hinten los – die Community war empört. Auch der Modehersteller Zara trat mit „Dreifarbigen Sklaven-Sandalen" kräftig ins Fettnäpfchen und wurde mit einem Shitstorm dafür bestraft.

Umgang mit Shitstorms

Im Krisenfall muss offen kommuniziert und umfassend informiert werden. Offensichtliche Fehler sollten offen eingestanden werden. Alle Kommunikationskanäle sollten genutzt werden. Ein Notfallplan gibt Antworten auf folgende Fragen:

- Wer muss verständigt werden?
- Wie schnell wird reagiert?
- Wer reagiert?
- Was wird kommuniziert?

Markenemotionalisierung

Markenpositionierungen, die sich auf „Qualität", „Innovation", „Serviceorientierung" oder „Kompetenz" stützen, sind keine Markenpositionierungen. Denn welcher Hersteller würde diese Werte nicht für sich beanspruchen? Viele Produkte innerhalb einer Produktkategorie sind faktisch vergleichbar – gerade auch was ihre Qualität betrifft. Daher führt eine „Wir sind besser"-Positionierung nicht zum Erfolg und schon gar nicht mitten ins Herz.

Starke Marken haben einen klar umrissenen Markenkern. Dieser unterscheidet sie im Wettbewerbsumfeld durch Botschaften, die weit über die Produkteigenschaften hinausgehen. Eine überzeugende Markenwelt schafft emotionale Erlebnisse. Sie verpackt einen Nutzen und verkörpert ein Lebensgefühl, mit dem sich Verbraucher identifizieren können. Dieser rote Faden muss die Markenstrategie und -führung prägen und sich dauerhaft durch sämtliche Maßnahmen ziehen.

7.1 Namen mit Erlebnischarakter

An einem Naming-Projekt des Cornelsen Verlags wird deutlich, wie sich digitale Markenschlagkraft im schwierigen Wettbewerbsumfeld der Schulbuchmarken erzielen lässt.

Die etablierten Schulbuchmarken in Deutschland tragen meist den Namen des Firmengründers: Cornelsen, Duden, Westermann und Klett. Dabei profitieren die Marken von der langen Tradition dieser Namen. Sie repräsentieren Knowhow und Zuverlässigkeit. Die Kehrseite: Die Marken wirken wenig modern und machen nicht neugierig. Man verbindet sie nicht mit Innovation. Das Gleiche gilt für die zahlreichen Online-Marken: meinUnterricht.de, 4teachers.de, Lehrerbüro.de, Grundschulklick.de oder schulbuch-o-mat.de wirken angestaubt und austauschbar. Ganz sicher machen sie weder Lust auf Lernen noch auf Lehren.

© Springer Fachmedien Wiesbaden GmbH 2017
S. Kircher, *Digitize Your Brand Name*, essentials,
DOI 10.1007/978-3-658-16277-1_7

33

Der Cornelsen Verlag ist hier neue Wege gegangen. Ausgangspunkt für die Planung einer neuen Plattform für Lehrer und Schüler war auch hier das naheliegende Konzept „Schulbuch". Es sollte im Zentrum aller auf der Plattform angebotenen Aktivitäten stehen.

Nomen entwickelte auf dieser Basis den Namen *scook* – eine Wortneuschöpfung bestehend aus „school" und „book". Das Konzept wird im Namen aufgegriffen, allerdings in einer moderneren Anmutung, die beide Zielgruppen gleichermaßen anspricht. Im Fokus steht nicht mehr der Inhalt, sondern ein eingängiger Klang. Dieser Klang löst unterschwellig diverse Assoziationen aus – von „gucken" bis Seefahrt („Captain Cook"), also Navigation und Abenteuer. Hier schließt sich der Kreis zu einem gut gemachten pädagogischen Angebot, das auf Entdeckerlust statt auf Frontalunterricht setzt. Auch juristisch beweist das Beispiel einmal mehr den großen Vorteil von Kunstnamen. Der Name *scook* war als Marke und als .de-Domain verfügbar. Nach einem Jahr hatte die Plattform rund 50.000 Nutzer und wurde mit dem Comenius-Gütesiegel für ein pädagogisch, inhaltlich und gestalterisch herausragendes Bildungsangebot ausgezeichnet.

▶   Ein wesentlicher Erfolgsfaktor für Webmarken ist ihr „social design" –
     die Ausrichtung auf die Gemeinschaft steht im Vordergrund.

Ein gutes Beispiel für einen gemeinschaftlich ausgerichteten Namen liefert ein Naming-Projekt von Bosch. Der Geschäftsbereich Elektrowerkzeuge für Heimwerker formulierte vor einigen Jahren folgende Zielsetzung: „Wir werden DIE Plattform im Internet und somit Ansprechpartner für alle Heimwerkerfragen." Das Konzept sah vor, die erste Onlineplattform für Heimwerker im Sinne einer „Heimwerker-Community" zu werden, also ein Mitmach-Portal anzubieten. Die Dachmarke Bosch sollte als Initiator präsent sein und zudem als modern, kreativ und erlebbar präsentiert werden. Außerdem sollte die Multi-Channel-Vermarktung mit innovativen Lösungen vorangetrieben werden.

Die neue Community sollte dem Heimwerker Folgendes bieten:

- Projekte (Heimwerken, Kreatives, Verschönern, Garten etc.)
- Ratgeber-Forum (Tipps und Tricks)
- Mitglieder (Profile, Suche)
- Gruppen (nach Themen)
- Produkttests (Live-Aktionen, Live-Chats)
- Wissensdatenbank (Heimwerkerlexikon)

Der Heimwerker steht hier im Mittelpunkt: Ihm wird die Möglichkeit zum Austausch und zur Diskussion gegeben, er erhält Anregungen und Hilfestellungen.

Bei der Namensstrategie galt es zu beachten, dass der Name in die Dachmarke Bosch einzahlen sollte und zugleich eingängig und aktivierend sein sollte.

Nomen entwickelt auf dieser Basis den Namen 1-2-do.com. Dieser verbindet eine einfache Struktur mit inhaltlicher Tiefe. Der Aufzählungscharakter suggeriert Leichtigkeit und systematisches Vorgehen, das auch im Deutschen allgemein verständliche englische Verb „do" rückt das „Aktivwerden" in den Vordergrund. Zusätzlich klingt der Name (gesprochen und auch gedacht) wie „want to do" – auch das hallt unbewusst nach. Der Name ist somit in aller Kürze anregend, vielseitig und leidenschaftlich. Ein perfekter Spiegel für das Selbstbild vieler Heimwerker.

Als assoziativer Name unterstützt der Name den eigenständigen Internet-Auftritt der Heimwerker Community. Durch den Zusatz „Powered by Bosch" präsentiert sich der Hersteller als Initiator, jedoch nicht als Dominator. Die Plattform ist heute mit über 100.000 aktiven Usern und tausenden von Mitgliedern eingestellten Projekten die größte Do-it-yourself-Community in Deutschland. Durch die Plattform konnte zudem die Zielgruppe erweitert werden – etwa jeder vierte User ist inzwischen weiblich. Der Name dockt an die bestehende Internet-Produktwelt von Bosch an (www.bosch-do-it.de). Der Web-Auftritt wird u. a. ergänzt durch eine Facebook-Seite und die Service-Kommunikationsplattform „MyBosch". Des Weiteren gibt es eine Shop-in-Shop-Lösung namens „Bosch Experience Zone" – so schließt sich ein stimmiger Markenkreislauf.

7.2   Namen im Gespräch halten

Die Bekanntheit der Marke hat einen großen Einfluss auf die Kaufentscheidung. Bekannte Marken vermitteln Vertrauen und Sicherheit in Bezug auf die angebotenen Leistungen. Klassische Sender-Kommunikation zu betreiben, reicht dazu längst nicht mehr aus. Ob im Consumer-Bereich oder im B2B-Geschäft – die Digitalisierung hat Kunden zu Akteuren gemacht, die mit der Marke leben, mit ihr kommunizieren und sie über Feedback mitgestalten wollen. Nur wenn dieser Dialog geführt wird, wird das Markenversprechen als glaubwürdig und relevant erlebt. Der Markenname fungiert in diesem Zusammenhang als Anker – er sollte im Rahmen einer 360°-Kommunikation immer im Gespräch gehalten werden. Hilfreich ist es, sich die eigene Marke als Mensch vorzustellen. Welchen Charakter hat sie, wie sieht sie aus, wo hält sie sich auf, wie und worüber redet sie mit anderen? Daraus lassen sich Marken-Touchpoints definieren (social und real) und Markenmomente in Form von Events schaffen, die die Marke weiter emotional aufladen. Entscheidend ist, den Markennamen dabei so oft wie möglich zu nennen und systematisch an allen Kundenkontaktpunkten einzusetzen. Nicht nur auf dem Produkt selbst, sondern auf Webseiten, in den sozialen Netzwerken, in Broschüren, Datenblättern, in Software- und App-Namen, auf Firmengebäuden und -fahrzeugen und so weiter.

> **Beispiel: Erfolgreiches Storytelling**
>
> Eine für die Zielgruppe relevante Erlebnisdimension darf dabei natürlich nicht fehlen. Daher sollte um den Namen herum ein aktives Storytelling betrieben werden, welches das Interesse der Nutzer weckt und aufrechterhält. Nur wer sich angesprochen fühlt, wird Inhalte teilen und weiterempfehlen. Zwei Beispiele aus der Kreditkartenbranche verdeutlichen, was gemeint ist.
>
> Der Kreditkartenanbieter Mastercard bietet bereits seit 1997 ein Kunden-Programm unter dem (auch als Marke geschützten) Namen „Priceless" an. 2014 wurde sie in das Connectivity-Zeitalter überführt und damit auch von der reinen Kreditkartenmarke weiter in Richtung Lifestylemarke positioniert und emotionalisiert. Die Markenbotschaft: Mastercard eröffnet seinen Kunden den Zugang zu überraschenden Geschenken und besonderen Erlebnissen, die man nicht kaufen kann. Flankierend wurde für diese Kampagne der Name „Priceless Surprises" entwickelt und intensive webbasierte Kommunikation betrieben. So wird unter dem entsprechenden Hashtag bei Twitter ein Retweet mit der Chance auf eine Überraschung belohnt – etwa ein Treffen mit einer bekannten Persönlichkeit. Unter https://pricelesssurprises.com/ wird über diese besonderen Freizeiterlebnisse berichtet. Die Kampagne erwies sich als voller Erfolg.
>
> Ähnliches ist bei VISA zu beobachten. Die Kampagne #goinsix erzählt in 6-Sekunden-Videos und 6-Wörter-Headlines kleine Geschichten darüber, wie man die Kreditkarte nutzen kann. Nutzer sind aufgerufen, ihre eigenen Geschichten in den sozialen Netzwerken zu verbreiten. Inzwischen hat die Kampagne über 280 Mio. Sichtkontakte generiert.

7.3 Leitlinien für die Markensprache festlegen

Wenn es um Print- und Online-Kommunikation geht, bewegen sich viele Marken noch in sprachlichen Parallelwelten. Während in Chats oder in den sozialen Netzwerken ein tendenziell lockerer, junger Sprachstil gepflegt wird, kommen die klassischen Kundenkontaktpunkte, etwa im Kundenservice, oft nicht richtig hinterher. In den meisten Fällen werden Kunden in Papierform förmlich gesiezt und

Inhalte in „geschriebener" Sprache formuliert. In den Netzwerken wird dagegen meist geduzt und umgangssprachlich formuliert. Zu Recht: Die Kommunikation ist hier extrem schnell, individuell und dialogorientiert.

Sprache prägt das Markenimage – positiv wie negativ. Deshalb sind Leitlinien für die Markensprache, auch Brand Language oder Corporate Language genannt, unverzichtbar. Es ist an sich nichts daran auszusetzen, wenn ein Unternehmen in verschiedenen Kommunikationskanälen auf unterschiedlichen Stilhöhen (z. B. förmlich, umgangssprachlich, fachsprachlich) unterwegs ist. Dies ist bei unterschiedlichen Zielgruppen sogar goldrichtig. Doch zulässige Variationen sind nicht automatisch gleichbedeutend mit sprachlichem Laissez-faire: Gerade bei stark individualisierter Kommunikation sind Leitlinien für die Markensprache wichtig, sonst können rhetorische Alleingänge einzelner Mitarbeiter das Markenprofil schlimmstenfalls anhaltend schädigen.

▶ **Markensprache definieren: So geht's** Wie schon beim Naming-Prozess beginnt alles mit der Markenpositionierung. Bei der Naming-Strategie wird definiert, was die Marke für die Zielgruppe einzigartig macht. Die dabei gefundenen Schlüsselbegriffe bilden auch das Fundament für die Ausrichtung der Markensprache. Aber Achtung: Schlagworte wie Qualität, Kompetenz oder Innovation reichen weder für die Entwicklung eines Markennamens noch für die Formulierung einer markentypischen Sprachstrategie aus. Um von der Strategie zur Umsetzung zu gelangen, benötigt die Markensprache nicht nur einen theoretischen Unterbau, sondern auch konkrete Beispiele, die sich bei der späteren Arbeit auch in die Praxis umsetzen lassen.

Da Markensprache in der Regel nicht von Null definiert werden muss, weil der Rahmen bereits vorhanden ist, lohnt sich eine Analyse des vorhandenen Textmaterials. Daraus können Standards entweder abgeleitet oder neu definiert werden. Auch das Wissen der Mitarbeiter sollte genutzt werden. Sie können meist sehr genau einschätzen, welche Stärken und Schwächen die Markensprache aufweist. Dazu gehören etwa die uneinheitliche Verwendung von Begrifflichkeiten oder Negativreaktionen von Kunden auf bestimmte Reizwörter oder Dokumente, beispielsweise unverständlich oder unzeitgemäß formulierte Kundenanschreiben. All diese Erkenntnisse ergeben zusammen das Grundgerüst der zukünftigen Markensprache. Auf Basis dieser Leitlinien lassen sich auch sprachliche Risse im Marken-Image aufdecken und reparieren.

Unerlässlich ist es, ein Markenwörterbuch anzulegen. Dieses schreibt die Leitlinien für die Markensprache fest und macht den neuen Stil mit Hilfe von Textbeispielen konkret. Das Markenwörterbuch enthält auch die Wording-Liste mit den ‚Love Words' und ‚Hate Words'. Das sind Begriffe, die zukünftig verwendet oder vermieden werden sollen. Wichtig: Ein Markenwörterbuch muss von der Unternehmensleitung freigegeben sowie regelmäßig ergänzt und aktualisiert werden. Auf dieser Basis können Texte optimiert, Mitarbeiter geschult und Agenturen gebrieft werden.

Markenabsicherung 8

Die weltweite Reichweite digitaler Marken macht die Namensfindung heutzutage zu einem Kraftakt. Denn zu den Basis-Anforderungen an einen Markennamen: Einzigartigkeit, Merkfähigkeit, sprachlich-kulturelle Eignung und markenrechtliche Schutzfähigkeit in ausgewählten Absatzmärkten sind weitere Herausforderungen hinzugekommen. Namen in einer globalen Welt sollen nach Möglichkeit überall funktionieren, doch die Möglichkeiten sind begrenzt.

8.1 Sprachlich-kulturelle Prüfung

Für Internet-Marken gelten keine Ländergrenzen. Um sprachliche Flops zu verhindern, sollten sie vor ihrer Veröffentlichung sprachlich detailliert überprüft werden. Ein Blick ins Wörterbuch reicht in diesem Falle nicht aus. Vielmehr muss der Name in allen potenziellen Absatzmärkten von muttersprachlichen Namensexperten im Hinblick auf offene und versteckte Bedeutungen kontrolliert werden. Zusammen mit den ebenfalls erforderlichen juristischen Prüfungen machen die linguistischen Kontrollen die Namensfindung zur sprichwörtlichen Suche nach der Stecknadel im Heuhaufen.

▶ Versteckte negative Bedeutungen eines Namensvorschlags lassen sich nicht in Wörterbüchern finden. Eine sorgfältige Prüfung durch Marketing-Profis, die die jeweilige Muttersprache beherrschen, reduziert das Flop-Risiko erheblich.

▶ **Vorsicht Flop:** So mancher Südamerikaner schmunzelt, wenn er die Abkürzung „hp" hört. Steht sie doch im spanischsprachigen Südamerika

© Springer Fachmedien Wiesbaden GmbH 2017
S. Kircher, *Digitize Your Brand Name*, essentials,
DOI 10.1007/978-3-658-16277-1_8

nicht nur für den Computerhersteller Hewlett-Packard, sondern auch für „hijo de puta" – Hurensohn. Befremdlich wirkt auf viele spanische Muttersprachler auch die Marke Roto, unter der die deutsche Roto-Franz AG auch in Spanien und Südamerika Fenster, Türen sowie Dach- und Solartechnologie anbietet: Im Spanischen heißt „roto" schlicht und ergreifend „kaputt". Die Produkte verkaufen sich trotzdem, ebenso wie die Automarke Seat oder der Modellname Corsa in England. Letzteres ist deshalb erstaunlich, weil „seat" im Englischen „Sitz" und „coarse" gar „rau", „ungehobelt" und „primitiv" bedeutet. Dass ein Name trotz unpassender Assoziationen nicht floppt, darauf sollte man sich allerdings nicht verlassen. Denn es gibt Gegenbeispiele. So bremste sich Ford in Brasilien mit dem Namen Pinto aus – das Wort bedeutet dort nicht nur „Küken", sondern umgangssprachlich auch Penis. Das Modell musste in „Corcel" („Pferd") umbenannt werden.

8.2 Juristische Prüfung

Digital Naming ist juristisch betrachtet eine große Herausforderung, weil hier Marken- und Domainrecht aufeinanderprallen. Denn das Markenrecht schreibt vor, dass Markennamen keine wesentlichen Eigenschaften eines Produkts oder einer Dienstleistung beschreiben dürfen. Ganz anders verhält es sich bei Domainnamen. Jeder beschreibende Name wird als Domain vergeben, solange er unter der jeweiligen Top-Level-Domain noch nicht registriert wurde. Außerdem haben Markeninhaber die Pflicht, ihre Marken zu benutzen. Anderenfalls kann man die Löschung der Marke veranlassen. Dagegen lassen sich Domainnamen gegen Zahlung einer kleinen Gebühr unbefristet blockieren, unabhängig von einer tatsächlichen Verwendung der Domain. Zusammenfassend lässt sich also sagen, dass das Domainrecht das Markenrecht derzeit faktisch noch aushebelt (Vgl. Abb. 8.1).

Schwierig wird es dann, wenn ein Name als Marke und als Domain identisch bestehen soll. Denn die Messlatte liegt durch die strengen markenrechtlichen Anforderungen in den relevanten Absatzmärkten, die zwingend erfüllt sein müssen, extrem hoch. Die Schnelligkeit des Internets verführt oftmals dazu, die Namenssuche unter Zeitdruck zu betreiben. Beides – Marken- und Domainname – müssen immer parallel gesucht, überprüft und angemeldet werden. Sorgfältige marken- und domainrechtliche Prüfungen durch spezialisierte Patentanwälte sind ein Muss, alles andere kann später unter Umständen teuer werden.

Im Rahmen dieser rechtlichen Prüfungen wird auch kontrolliert, ob es naheliegende ähnliche Schreibweisen gibt. Unliebsame Überraschungen mit störenden

PRINZIP	MARKENNAME	DOMAINNAME
Territorialitätsprinzip	Exklusive Nutzung der Marke in einem bestimmten Gebiet.	Länderspezifische Top-Level-Domains sind nicht an die Nutzung in einem bestimmten Gebiet gebunden
Spezialisierungsprinzip	Exklusive Nutzung der Marke für die Produkte und Dienstleistungen, die im Warenverzeichnis angegeben sind.	Nicht vorhanden
Benutzungspflicht	Aktive Nutzung der Marke am Markt spätestens 5 Jahre nach Markenanmeldung.	Nicht vorhanden
Alleinstellungsprinzip	Beschreibende Namen genießen keinen Markenschutz.	Nicht vorhanden
Prinzip der guten Sitten und Vermeidung von Irreführung	Verboten sind Namen, die gegen die guten Sitten oder der ersichtlichen Irreführung des Verbrauchers verstoßen, z. B. Headfuck.	Nicht vorhanden

Abb. 8.1 Markenname versus Domainname

Nachbardomains, die schlimmstenfalls das Image der eigenen Marke schädigen, lassen sich so vermeiden. Das Domain-Grabbing, also die Registrierung von Adressen, die gleichlautend sind mit bekannten Marken oder diesen zumindest ähneln, erfreut sich seit jeher großer Beliebtheit. So verbirgt sich beispielsweise unter der Domain www.mikrosoft.de ein Web-Katalog für kostenlose Brancheneinträge und unter www.whitehouse.com ein amerikanischer Pornoanbieter. Die amerikanische Regierung ist dagegen unter www.whitehouse.gov zu finden.

Grundsätzlich lässt sich festhalten, dass Inhaber von Domains mit hoher Alleinstellungskraft im Vorteil sind, sofern sie diese Domains hauptsächlich zur Kennzeichnung ihres Unternehmens bzw. Geschäftsbetriebes nutzen. Sofern dies nicht der Fall ist, sollte ein entsprechender Markenname registriert werden, um mehr Rechtssicherheit zu haben. Die Anmeldung eines Markennamens ist insbesondere auch auch den Betreibern von online-basierten Geschäftsmodellen zu raten.

▶ **App-Naming: So geht's** Ein App-Name ist kein Markenname und muss deshalb auch weniger leisten. Trotzdem ist er wichtig. Gut gemacht, lädt er seine Absendermarke positiv auf.

Tipp 1: Weniger ist mehr

Für den App-Namen stehen etwa 25 Zeichen zur Verfügung. Weitere Buchstaben werden aus Platzmangel nicht angezeigt. Deshalb gehört der wichtigste Begriff auch an den Anfang.

Tipp 2: Neugierig machen

Ein einzigartiger Name bietet doppelten Nutzen. Zum einen steigen die Chancen auf umfassenden Markenschutz. Zum anderen konnte NOMEN in speziellen Namenstests immer wieder nachweisen, dass rein beschreibende Namen nicht nachhaltig wirken. Die langfristige Akzeptanz und Merkfähigkeit von Namen steigt, wenn sie neugierig machen. Ein gutes Beispiel liefert die Kult-App „Clash of Clans". Im Vergleich hierzu wirkt Konkurrent „Total War Battles" blass und langweilig. Auch das Live-Stream-Portal „YouNow" wird deutlich weniger genutzt als der kreativere Wettbewerber „Twitch" („zucken").

Tipp 3: Kreative Wortspiele und guter Klang

Viele beliebte Apps unterstreichen ihren Innovationsgrad durch Wortwitz. Zwar wird dieser nicht überall und von jedermann verstanden, doch ein eingängiger Klang leistet ebenso gute Dienste. Das Paradebeispiel ist „Whatsapp" – eine Verfremdung von „What's up?", was so viel heißt wie „Was geht?". Nach dem gleichen Prinzip funktioniert auch der Instant-Messaging-Dienst „Snapchat", eine Kombination aus „snapshot" (Schnappschuss) und „chat" oder „Pinterest" – darin steckt „to pin" (anheften) und „interest". Auffällig ist, dass die erfolgreichsten App-Namen auf das Englische zurückgreifen. Nur in Ausnahmefällen findet man in den Top-Rankings mediterran klingende Namen. Und selbst das Videoportal Vimeo ist nichts anderes als ein Anagramm (Schüttelwort) des englischen Begriffs „Movie". Übrigens fahren auch bestehende „Offline"-Marken mit einem kreativen Ansatz gut, z. B. Bosch mit der „Bosch Toolbox"-App für Handwerker. „Toolbox" steht hier für den klassischen Werkzeugkasten und gleichzeitig für nützliche Online-Tools.

Tipp 4: Markenschutz anstreben

Markennamen und Apps kommen heutzutage oft als Tandem daher: Bestehende Marken bringen meist früher oder später auch eine App auf den Markt. Und reine Apps werden im Erfolgsfall auch als Marke weitere Produkte anbieten. Der klassische Fall ist eine Spiele-App, unter der schließlich auch PC-Spiele, Bücher oder gebrandete Fan-Artikel vermarktet werden. Für die Namenswahl bedeutet das: Sich nicht zu nah an bestehende App-Namen anlehnen. Im App-Store werden ähnliche Namen zugelassen, beim Marken- und Patentamt haben sie dagegen keine Chance. Also lieber einen einzigartigen Namen entwickeln und – wie auch bei der Markenentwicklung – nach allen Regeln der Kunst im Vorfeld gründlich überprüfen.

Tipp 5: Unverwechselbares Wording prägen

Neue Dienstleistungen prägen sich besonders gut ein, wenn zum (möglichst bildhaften Namen) auch noch ein marken-exklusives Wording mitgeliefert wird. Es muss nicht umfangreich sein, dafür aber einzigartig und originell. Twitter („zwitschern") hat es vorgemacht mit „tweet" („Piepser") und „retweeten".

8.3   Qualitative Namenstests

Qualitative Namenstests erhöhen die Sicherheit vor dem Produkt-Launch. Auch wenn sie nicht repräsentativ sind, liefern sie doch wichtige Erkenntnisse darüber, wie die Zielgruppe die neuen Namen erlebt. Ganz wichtig: Alle Namen, die getestet werden, sollten bereits als Marke und Domain angemeldet sein, um eine Aneignung durch Dritte zu vermeiden. Namenstests zielen nicht darauf ab, die Akzeptanz von Namen zu ermitteln, sondern deren strategisches Potenzial. Anders formuliert: Ob die Namen den Befragten gefallen, ist für eine Empfehlung nicht entscheidend. Viele starke Marken wurden in entsprechenden Namenstests nicht favorisiert oder sogar abgelehnt. Ein bekanntes Phänomen: Neue Markennamen lösen immer Unsicherheit aus, weil sie noch nicht kommunikativ aufgeladen sind. Aus diesem Grund schneiden beschreibende Namen im Test auch auf den ersten Blick immer besser ab als innovative, eher künstliche Namen. Beschreibende Namen wirken vertraut, weil sie eine logisch nachvollziehbare Brücke zum Produkt bauen. Ein ungewöhnlicher Name, der die Produkteigenschaften nicht direkt erklärt, erscheint dem Verbraucher dagegen zunächst unpassend und fremd. Was nicht verstanden wird, wird abgelehnt. Erfahrungsgemäß ändert sich diese Haltung jedoch, sobald eine umfassendere Auseinandersetzung mit dem Namen stattfindet. Die spätere Markenkommunikation steuert dabei die Wahrnehmung der Verbraucher und beeinflusst so die Wirkung des jeweiligen Namens.

Schluss

Abschließend erfahren Sie noch einmal zusammengefasst, was die wichtigsten Erkenntnisse aus diesem Essential sind.

Markennamen schaffen eine Identität. Sie machen Produkte und Unternehmen auch im indirekten Kontakt greifbar und sorgen für eine zielgerichtete Ansprache. Starke Markennamen sind Ausdruck einer trennscharfen Markenpositionierung und bauen durch konsequente Kommunikation langfristig Markenwerte auf. Damit dies gelingt, gilt es von Anfang an sorgfältig und überlegt bei der Markenwahl vorzugehen. Nach der strategischen Arbeit bei der Markenpositionierung ist Kreativität bei der Entwicklung einzigartiger und treffender Vorschläge gefragt. Weil jeder Name in der digitalen Welt gleichzeitig lokal und global ist, weil er nur einen Klick von Wettbewerbsangeboten entfernt ist und eine Kommunikationsplattform mit den Usern weltweit darstellt, muss jede Namensentscheidung sorgfältig abgesichert werden. Vor ihrem Launch müssen Webmarken genau wie klassische Markennamen systematisch und kritisch im Hinblick auf ihre strategische, sprachlich-kulturelle, juristische und webfähige Eignung geprüft werden.

Emotionale Markenkommunikation beginnt beim Markennamen. Idealerweise lädt schon der Name User zum Dialog ein und fördert bei jedem Kontakt eine anhaltende Markenpräferenz. Eine systematische Analyse der Customer Journey, die Aufdeckung der relevanten Kundenkontaktpunkte und die Abstimmung der Markenpositionierung mit allen Kontaktpunkten aus Kundensicht sind erforderlich, um das Markenerlebnis konsequent zu vermitteln. Der Markenname ist das Marketinginstrument, um das sich die gesamte Kommunikationsarbeit dreht. Langfristig verdichten sich im Markennamen die verschiedenen Markenerfahrungen und die positiven Assoziationen beim Konsumenten. Ziel ist es, der Marke mittels Branding einen unverwechselbaren Stempel aufzudrücken und mithilfe eines attraktiven Namens zu einem „Must have" werden zu lassen. Wenn das

© Springer Fachmedien Wiesbaden GmbH 2017
S. Kircher, *Digitize Your Brand Name,* essentials,
DOI 10.1007/978-3-658-16277-1

gelingt, machen sich alle Anstrengungen, die mit dem Naming-Prozess verbunden sind, für das Unternehmen bezahlt. Dann ist das Ziel erreicht: Mehr Geld mit den eigenen Produkten verdienen.

Die Rechtsprechung erkennt den Domainnamen vermehrt Namensrechte zu, insbesondere wenn es um Domainnamen geht, die bereits benutzt wurden, bevor ein identischer Markenname zur Registrierung kommt.

Kommen wir irgendwann einmal zu einer internationalen Institution, die die zukünftigen globalen Webmarken rechtlich absichert? Dies wäre sicherlich wünschenswert, jedoch gäbe es sehr komplexe, juristische Fragestellungen zu lösen.

Wohin die Reise der Webmarken geht? Vieles ist denkbar, aber eines steht fest: In Zukunft wird die Positionierungsarbeit noch wichtiger, die Anforderung an Einzigartigkeit größer und der Dialog der Marke mit den Kunden noch intensiver. Trotz der gesteigerten Ansprüche an Transparenz, Authentizität und Flexibilität gilt es, das Markenerlebnis aufrechtzuerhalten und den Kunden mit überraschenden Markenmomenten weiterhin zu begeistern.

Was Sie aus diesem *essential* mitnehmen können

- Einblicke in Welt des professionellen Namings
- Erfolgsbeispiele aus der Praxis
- Anregungen zum Querdenken
- Wege zur mehr Markenschlagkraft

© Springer Fachmedien Wiesbaden GmbH 2017
S. Kircher, *Digitize Your Brand Name,* essentials,
DOI 10.1007/978-3-658-16277-1

Literatur

1. Baumgarth, C. (2010). B-to-B Markenführung, Grundlagen, Konzepte, Best Practice, Springer Gabler, Wiesbaden
2. Brandtner, M. (2012). Marken erfolgreich emotionalisieren: Mit den richtigen Emotionen Kunden gewinnen und binden, in: Marke 41 (06/2012)
3. Dpma.de – Marken – Eine Informationsbroschüre zum Markenschutz – https://www.dpma.de/docs/service/veroeffentlichungen/broschueren/marken_dt.pdf *(zuletzt abgerufen am 30.08.2016)*
4. Esch, F. (2014). Customer Journey, die Reise des Kunden verstehen in Marken-Insights Nr. 12
5. Giefers, H.-W. (1995). Marken- und Firmenschutz – Aktueller Leitfaden zum neuen Markenrecht mit vielen Beispielen und Mustern, Planegg: WRS Verlag Wirtschaft, Recht, Steuern
6. Holland, H. (2015). Trends im Digitalen Dialogmarketing, online unter: http://www.email-marketing-forum.de/Fachartikel/details/1510-Trends-im-Digitalen-Dialogmarketing/51294 (zuletzt abgerufen am: 09.05.2016)
7. Kircher, S. (2006). Namen für neue Partnerschaften, in: Pharma-Marketing Journal (1/2006)
8. Kircher, S. (2013). Sprache als Markenzeichen, in: Markenartikel (5/2013)
9. Lindstrom M. (2008). Buyology – Warum wir kaufen, was wir kaufen, Campus Verlag, Frankfurt / New York
10. Munzinger, U.; Musiol, K. G. (2008). Markenkommunikation – Wie Marken Zielgruppen erreichen und Begehren auslösen, München: mi-Fachverlag
11. Scheier, C.; Held, D.; Schneider, J.; Bayas-Linke, D. (2012). Codes – Die geheime Sprache der Produkte, Haufe-Lexware GmbH & Co. KG, Freiburg
12. Simon-Kucher & Partners (2011). Global Pricing Study 2011: Weak pricing cuts profits by 25 %, online unter: https://www.simon-kucher.com/sites/default/files/Global_Pricing_Study_2011_Simon-Kucher%26Partners_Short_Summary.pdf (zuletzt abgerufen am: 03.05.2016)
13. Schüller, A. (2016). Touchpoint Management- Begeisterung entlang der Customer Journey in Stumpf M. Die 10 wichtigsten Zukunftsthemen im Marketing, Haufe-Lexware GmbH & Co, KG, Freiburg

© Springer Fachmedien Wiesbaden GmbH 2017
S. Kircher, *Digitize Your Brand Name*, essentials,
DOI 10.1007/978-3-658-16277-1

14. *Spiegel online:* Neuer Name für Open BC: "Mit Xing wenden wir uns nicht von Europa ab" http://www.spiegel.de/wirtschaft/neuer-name-fuer-open-bc-mit-xing-wenden-wir-uns-nicht-von-europa-ab-a-441587.html *(zuletzt abgerufen am 30.08.2016)*